27
19220.

NOTICE
SUR
LA MÉDAILLE
OFFERTE
AU BAILLI DE SUFFREN
PAR LA COMPAGNIE HOLLANDAISE
DES INDES-ORIENTALES.

NOTICE

SUR

LA MÉDAILLE

OFFERTE AU

BAILLI DE SUFFREN

PAR LA COMPAGNIE HOLLANDAISE

DES INDES-ORIENTALES.

AMIENS

ALFRED CARON, IMPRIMEUR-LIBRAIRE,

rue des Trois-Cailloux, 54.

MARS 1853.

NOTICE
SUR LE
BAILLI DE SUFFREN.

Si jamais témoignage d'admiration et de gratitude fut bien mérité, c'est celui que les directeurs de la Compagnie hollandaise des Indes-Orientales décernèrent, en 1784, au bailli de Suffren, au retour de son immortelle campagne dans les mers de l'Inde, pendant laquelle il tint, sur une côte où nous ne possédions aucun établissement, avec des forces inférieures, sans argent et sans autres ressources que celles de son génie, presque abandonné du cabinet de Louis XVI, qui ne comprenait pas l'importance de cette guerre et du grand homme qui la dirigeait, toute la puissance anglaise en échec, reprit ou sauva les établissements hollandais dans ces contrées, ruina le commerce des Anglais, et les aurait même complétement chassés de la Péninsule, si, mieux instruit ou plus habile, le ministère français eut secondé avec plus d'énergie ses efforts, ceux de Hayder-Ali et de son fils Tippoo-Saëb, et ne se fut hâté, au lieu de profiter de ces succès qui tenaient du prodige, d'accepter une paix onéreuse pour nous quand elle aurait dû l'être pour l'Angleterre succombant sous le fardeau de ses désastres.

Quel spectacle, en effet, bien fait pour honorer la France et prouver ce que peut sa puissance maritime sous le commandement d'un grand amiral. Au mépris du droit des gens, sans provocation ni déclaration préalable des hostilités, l'Angleterre, fidèle à cette politique déloyale dont elle devait donner dans la suite un nouvel et éclatant exemple par le bombardement de Copenhague, rappelle son ambassadeur auprès d'une puissance neutre, la Hollande, met l'embargo (*) sur tous les navires de cette nation mouillés dans les ports de la Grande-Bretagne, donne l'ordre aux commandants de ses vaisseaux de courir sus aux navires hollandais, et envoie une flotte attaquer les possessions Néerlandaises de l'Inde et le Cap-de-Bonne-Espérance objet de sa convoitise. Confiante dans les traités, la Hollande n'avait pas un vaisseau armé, et ses colonies prises à l'improviste étaient hors d'état de résister; elle invoqua l'appui de la France qui combattait elle-même pour la cause de l'indépendance des Etats-Unis d'Amérique. Il était d'un intérêt immédiat pour nous d'empêcher la destruction d'un Etat maritime neutre, qui pouvait peser un jour un si grand poids dans la balance en le décidant en notre faveur : Suffren alors capitaine de vaisseau, reçut le commandement d'une escadre composée de cinq vaisseaux et de sept transports, chargée de prévenir la flotte anglaise, qui, sous les ordres du commodore Jonhston, allait attaquer le Cap, d'y jeter des troupes, de mettre cet établissement, la clé de l'Inde, à l'abri d'une surprise et de rallier l'escadre à l'Ile de France.

Les débuts de cette mémorable campagne devaient en faire présager les résultats glorieux. Obligé de faire de l'eau pour un de ses vaisseaux, Suffren rencontre les Anglais dans le golfe de La Praya; n'écoutant que les inspirations de son génie, il engage, le 16 avril 1781, le combat avec ses cinq vaisseaux contre une flotte qui disposait de plus de mille canons, se résolvant à décider ainsi, dès l'origine, des destinées du Cap et de ses opérations futures. Mal secondé par quelques capitaines, qui eurent à rendre compte de leur conduite, le succès ne répondit pas entièrement à ses prévisions; l'armée ennemie ne fut point anéantie, mais elle lui laissa la mer libre, et le Cap fut sauvé grace aux renforts qu'il apportait à sa garnison.

Cependant nos affaires et celles de nos alliés dans l'Inde étaient dans le plus fâcheux état; Chandernagor et Pondichéry avaient été

(*) Le 20 décembre 1780.

attaqués au milieu d'une paix profonde et enlevés malgré la belle défense de M. de Bellecombe à Pondichéry ; Négapatnam et Trinquemalay, établissements hollandais de la plus grande importance, étaient tombés au pouvoir des Anglais, et sans la diversion d'Hayder-Ali c'en était fait de notre domination sur ces côtes. Notre flotte et son chef M. de Tronjoly assistait inactive dans la rade de l'île de France à ces revers. M. d'Orves, qui lui succéda, comprit enfin la nécessité de sortir de cette apathie aussi désastreuse que déshonorante; il prit la mer pour chercher l'ennemi, lorsque la mort de cet officier, sous les ordres duquel était placé M. de Suffren, vint, en remettant le commandement entre les mains de ce grand homme de mer, lui permettre de déployer librement son génie.

Dès cet instant nos affaires changèrent de face. A la fois grand amiral, général actif, habile négociateur, il pourvoyait à tout, sauvait notre armée bloquée à Goudelour par l'ineptie de son chef, M. de Bussy, soutenait le zèle refroidi d'Hayder-Ali, qui sans lui nous eût abandonné ; et les combats de Madras, de Provédien, la capitulation de Trinquemalay, repris presque en vue de l'amiral Hughes, ceux de Negapatnam et de Goudelour, des courses heureuses et bien dirigées sur le commerce anglais couvrirent de gloire notre pavillon, et conduisirent l'Angleterre accablée de ses défaites si près de sa ruine, que dans l'année 1782 il s'était déclaré dans Londres plus de quatre mille faillites, qu'un ordre du Conseil de la Compagnie des Indes avait suspendu tous les paiements pour le service civil, qu'il était dû six mois d'arrérages à l'armée du Bengale, et qu'à l'issue de la guerre, en 1783, la dette anglaise, réglée en 1776 à 123,964,500 livres sterling, s'élevait au chiffre énorme de 240,188,848 livres. (5,860,607,897 fr. 20 c.)

Rien n'est plus beau, on peut le dire, que de voir cet homme illustre abandonné à lui-même dans des mers lointaines, soutenu uniquement par son grand courage dans une entreprise fabuleuse, entouré d'officiers désaffectionnés, chez qui la jalousie parlait plus haut que la bravoure et l'honneur, porter comme un autre Annibal la guerre au cœur de la puissance Anglaise, au foyer même de son immense commerce, lutter à la fois contre la fortune, les éléments, l'inintelligence de ses égaux, la quasi-trahison de ses subordonnés, et balancer à lui seul les revers de nos armes remises ailleurs en de plus faibles mains. Encore quelques efforts et l'anéantissement dans l'Inde du nom Anglais qu'il exécrait était consommé. Le gouvernement de Louis XVI, ouvrant les yeux, découvrait enfin l'importance de cette guerre et lui adressait des renforts, qui devaient, en lui assurant une supériorité formidable, décider de l'empire de ces parages en notre faveur ; mais, plus habiles et plus heureux dans les négociations que dans les combats, les hommes d'Etat qui dirigeaient l'Angleterre la sauvèrent sur le penchant de l'abîme.

Les articles préliminaires de la paix conclue entre la Grande-Bretagne, la France, l'Espagne et les Américains, signés à Versailles le 20 janvier 1783, et ratifiés par la France le 9 février suivant, arrêtèrent le bailli de Suffren au milieu de son triomphe. L'amiral Hughes lui demanda, en les portant à sa connaissance, une suspension d'hostilités, et rendait à son caractère le plus bel hommage en lui écrivant : « J'espère trouver un ami dans Votre Excellence. » Le bailli de Suffren avait en effet l'âme trop grande et trop généreuse pour sacrifier un instant les sentiments d'humanité à l'intérêt de sa gloire : il acquiesça aux propositions de l'amiral anglais. La paix signée entre l'Angleterre et la France le 20 janvier 1783, le fut avec les Etats-Généraux le 2 septembre de la même année. L'article V de ce dernier traité stipulait en leur faveur la restitution de Trinconomale, ainsi que de toutes les autres villes, forts, hâvres et autres établissements qui dans le cours de la guerre avaient été conquis, dans quelque partie du monde que ce fut, par les armes de S. M. Britannique et par celles de la Compagnie. Negapatnam seul était cédé aux Anglais. La Hollande sortait presque intacte d'une guerre qui nous avait coûté plusieurs colonies et entre autres Terre-Neuve, et pendant laquelle elle nous avait constamment abandonnés. Cependant elle était mécontente, et il ne fallut rien moins que les paroles prononcées le 20 septembre aux Etats d'Over-Issel, par le baron Derk Van der Capellen, pour lui

ouvrir les yeux sur ses fautes et la généreuse conduite du roi, qui, le 5 octobre, assurait les États-Généraux, par l'entremise de M. Bérenger, son chargé d'affaires, « de la résolution où il a toujours été
» et où il est encore de restituer gratuitement à la République, et
» sans aucune compensation, tous les établissements Hollandais que
» ses armes ont reconquis sur la Grande-Bretagne. »

« C'est à la France, disait le baron Van der Capellen, que nous
» devons tout ce que nous avons encore conservé. Lorsque la guerre
» commença nous avions quelques vaisseaux équipés ; l'on en con-
» struisit d'autres. Enfin, nous eûmes une marine qui n'était pas à
» mépriser ; nous n'avons pas su tirer parti de l'heureuse occasion
» que la Providence nous offrit, en joignant nos forces inférieures à
» celles de nos alliés contre nos ennemis harrassés, épuisés et déjà
» sur les dents. Nous serions aujourd'hui membres d'une confédé-
» ration puissante et victorieuse ; nous figurerions comme confé-
» dérés dans les négociations de paix, là où nous n'avons paru que
» comme les protégés de la France. Mais à quoi employâmes-nous
» nos vaisseaux ? quel dommage avons-nous porté à notre ennemi ?
» quels services avons-nous rendus à nos amis ? »

La Compagnie générale hollandaise des Indes-Orientales sentit bien, toutefois, la grandeur du service qui lui avait été rendu par le bailli de Suffren durant ses campagnes dans les mers de l'Inde. L'assemblée de ses dix-sept représentants s'occupa de lui témoigner dignement toute sa gratitude. Par ses ordres une pension lui fut accordée ; et l'exécution d'une médaille, destinée à perpétuer le souvenir de ses victoires et de la reconnaissance de la Compagnie, fut confiée aux meilleurs artistes hollandais, alors les premiers du monde en ce genre d'œuvres d'art. Ces honorables témoignages accompagnés d'une lettre des directeurs, en date du 14 mai 1784, vinrent le trouver en France, et s'ajouter aux marques d'admiration et d'estime que lui donnaient chaque jour les augustes membres de la famille royale et la nation tout entière. Noble récompense de tant et de si grands travaux accomplis en vue de l'agrandissement et de la gloire de la patrie.

Cette médaille en or, de grand module, d'une exécution magnifique et du poids de trois mille francs environ, est renfermée dans un écrin en or entouré de brillants ; elle porte, du côté de la face, une tête allégorique représentant l'Inde sous la figure d'une jeune femme d'une beauté remarquable, dont la coiffure, retenue par un réseau de perles et formée sur le devant par une tête d'éléphant armée de ses défenses et de sa trompe, est surmontée d'une couronne. Au-dessous est un gouvernail antique, attribut de la marine, autour duquel s'enroule un rameau d'olivier, symbole de la paix conquise par les armes de l'amiral. L'exergue porte ces mots : SOCIETAS INDICANA ORIENTALIS FOED. BELG. Au revers, on lit cette inscription votive entourée d'une couronne d'oliviers d'un travail excellent : INCLYTO VIRO D. SUFFREN, REGIS GALLIÆ ARCHITALASSO FORTISSIMO, OB COLONIAS DEFENSAS ET SERVATAS. MDCCLXXXIV.

Devenue la propriété de M. le marquis Amédée-Marie de Clermont-Tonnerre, ainsi que tous les titres qui s'y rattachent, cette médaille, véritable monument national, puisqu'il est vrai que la gloire des grands hommes qu'elle a vus naître est le patrimoine de la patrie, ne resta pas cachée entre ses mains comme un frivole ornement et une curiosité de cabinet. Cet exemplaire en or était unique, et les autres en argent et en bronze, fort rares, par suite de circonstances rapportées dans la note communiquée par M. le baron de Westreenen de Tiellandt, de la Haye, conseiller d'Etat, que nous publions plus bas, n'existaient qu'en Hollande ; M. le marquis de Clermont-Tonnerre en fit faire en alliage une reproduction par le procédé du moulage ; et, accomplissant à la fois un acte de désintéressement et de citoyen ami de son pays, il en fit hommage au gouvernement en effectuant, au même moment, dans les archives du ministère des affaires étrangères, le dépôt de l'original de la lettre adressée au bailli de Suffren par les directeurs de la Compagnie des Indes. M. le ministre des affaires étrangères lui fit répondre à ce sujet par M. Dumont :

Paris, le 20 novembre 1850.

Monsieur le marquis,

J'ai l'honneur de vous remettre les papiers du bailli de Suffren dont vous avez bien voulu faire hommage au ministère des affaires étrangères. Après les avoir examinés, par l'ordre de mon supérieur, il m'a paru qu'ils seraient mieux placés au ministère de la marine où l'on doit être jaloux et soigneux de conserver tout ce qui se rapporte aux actions glorieuses des marins célèbres qui ont illustré nos armées de mer. Avec ces papiers vous trouverez l'épreuve de la médaille que les Hollandais ont fait frapper en l'honneur du bailli de Suffren et que vous aviez jointe à la lettre originale qui avait accompagné l'envoi de la médaille en or.

Veuillez agréer, Monsieur le marquis, les hommages de ma respectueuse considération.

DUMONT.

Immédiatement M. de Clermont-Tonnerre s'empressa de faire l'envoi de toutes les pièces ci-dessus et de la lettre même de M. Dumont, au ministère de la marine où elles restèrent déposées. Voici la lettre qu'il écrivit, à cette occasion, à M. le Ministre de la marine :

Monsieur le Ministre,

Les papiers du bailli de Suffren, qui m'avaient été laissés par mon oncle, le commandeur d'Estourmel, mort le 4 avril 1814, viennent de m'être renvoyés par M. Dumont, employé aux archives du ministère des affaires étrangères. Permettez-moi, Monsieur le Ministre, de vous transmettre les précieux souvenirs de l'illustre amiral et de vous prier de vouloir bien en accepter l'hommage pour le ministère de la marine.

Veuillez recevoir, Monsieur l'amiral, l'assurance de mes sentiments très distingués et de ma respectueuse considération.

A. DE CLERMONT-TONNERRE.

Paris, 20 novembre 1850.

A l'heure même où nous écrivons ces lignes, Son Excellence, M. le Ministre de la marine, jaloux de rendre public un témoignage si glorieux pour la marine française, vient d'ordonner le dépôt au Musée naval de cette épreuve demeurée jusqu'à présent inconnue dans la poussière des archives du ministère. Les gouvernements s'honorent en décrétant de telles mesures, l'illustration des grands hommes qu'ils remettent en lumière, rejaillit sur eux-mêmes, car le pays est solidaire pour tout ce qui peut contribuer à sa grandeur à toutes les époques de notre histoire. La présence au Musée de cette haute marque d'estime décernée à l'un de nos concitoyens par un peuple étranger, ne peut que développer au sein de la génération actuelle de nobles sentiments d'émulation, en lui rappelant ce qu'ont été ses ancêtres, en même temps qu'elle prouve la perpétuité du génie au sein de la grande nationalité française.

Nous pourrions terminer ici cette notice destinée purement à faire connaître l'existence et expliquer un monument historique intéressant, aussi honorable pour la France que pour celui de ses enfants qui fut l'objet de cette distinction. La carrière de M. de Suffren, dont le génie était retenu captif par la paix, était fatalement finie ; Dieu, dont les conseils sont impénétrables, avait marqué le terme de cette vie antique, digne d'être racontée par un Plutarque, à l'heure même où le roi Louis XVI, qui l'eût sans doute fait entrer dans le gouvernement, allait en avoir le plus grand besoin au milieu des circonstances difficiles que suscitèrent les plus malheureux jours qu'ait traversés notre pays. Les éventualités d'une guerre nouvelle avec l'Angleterre étaient menaçantes ; dans la prévision d'une reprise des hostilités, le roi, qui l'avait nommé vice-amiral, le chargea de la composition d'une flotte dont il devait recevoir le commandement. C'est dans ces entrefaites, pendant les préparatifs de cette nouvelle campagne destinée à mettre le comble à sa gloire que la mort vint le chercher. Le bailli de Suffren succomba le 7 décembre 1788, à l'âge de cinquante-neuf ans et quatre mois, des suites d'une blessure reçue dans une rencontre avec M. de Mirepoix, dont on peut lire les détails dans l'excellent travail biographique fait sur ce grand homme par M. Cunat, ancien officier de marine. Ainsi tomba flétri sous les coups d'une main française, dans la plénitude de sa force et à une époque où il était appelé à rendre les plus éminents services, ce bras puissant, l'honneur et le soutien de la patrie, qu'avaient respecté jusqu'alors le feu de l'ennemi, la mer et ses embûches.

JULES BAUDEUF.

PIÈCES JUSTIFICATIVES.

Lettre des Etats-Généraux de Hollande au bailli de Suffren, en lui envoyant une médaille en or qu'ils avaient fait frapper en son honneur, pour les services qu'il leur avait rendus durant ses campagnes dans les mers de l'Inde.

La Haye, le 14 mai 1784.

MONSIEUR,

Quand nous n'aurions d'autre motif de partager avec l'Europe entière la haute estime et l'admiration, que vos grandes vertus et vos talents militaires y ont fait naître, que celui d'être citoyens d'une République à laquelle vous avez rendu des services aussi signalés; ce motif suffirait seul, pour que nous nous empressassions de vous présenter un tribut d'éloges aussi légitime. Mais la Compagnie générale des Indes-Orientales hollandaise, dont nous sommes ici les organes, vous a, Monsieur, en son particulier, des obligations si essentielles, elle est tellement persuadée que c'est uniquement à votre courage, à votre prudence, à votre constance à surmonter les obstacles qui semblaient devoir faire nécessairement échouer vos opérations, enfin à la supériorité de vos savantes manœuvres, qu'elle est redevable non-seulement du salut de ses plus précieuses possessions, qui sans vous seroient devenues la proie de nos ennemis, mais encore de la reprise d'un établissement, dont la perte entraînoit après elle les suites les plus funestes pour son commerce et sa navigation, qu'elle ne sait quels termes employer pour vous exprimer, comme elle le désireroit, toute l'étendue et toute la vivacité de sa reconnaissance.

Cet embarras, tout grand qu'il soit, n'est cependant pas le seul que la Compagnie générale des Indes-Orientales hollandaise éprouve dans la circonstance actuelle.

L'assemblée de ses dix-sept représentants s'étant en effet occupée dans les séances qu'elle a tenues, Monsieur, depuis votre retour en Europe, de ce qu'elle devoit et étoit en état de faire pour joindre aux assurances de ses sentiments distingués envers vous quelque preuve éclatante et effective de la haute considération et de toute la gratitude dont elle est si justement pénétrée, auroit presque désespéré de trouver quelque moyen qui la satisfît, si elle n'eût été en même temps convaincue qu'à des âmes aussi grandes et aussi nobles que la vôtre, Monsieur, l'hommage et le tribut que puissent présenter ceux qui leur doivent le plus, est celui de leur cœur et de leur amour.

Daignez donc l'agréer, Monsieur, ce sincère hommage, et que la Compagnie vous informe aussi d'une résolution qu'elle a prise dans son assemblée, dont nous avons l'honneur de joindre ici le résultat, mais qu'elle vous supplie instamment de considérer moins comme une dette qu'elle paie (car comment pourroit-elle jamais s'acquitter envers vous, Monsieur, de tout ce qu'elle vous doit?) que comme un léger témoignage de zèle et de souvenir qu'elle ose espérer que vous voudrez bien approuver qu'elle renouvelle chaque année. Cette permission que nous nous flattons, Monsieur, d'obtenir de votre bienveillance, sera d'autant plus agréable à la Compagnie, qu'elle lui fournira l'occasion la plus favorable qu'elle puisse désirer, de continuer à vous adresser en même temps les vœux ardents qu'elle ne cessera de faire pour la conservation et le bonheur d'un héros, l'ornement de son siècle, l'objet de l'amour ainsi que du respect de ses contemporains, et si digne à tous égards de la faveur et de la confiance dont l'honore le plus judicieux et le plus chéri des Monarques, auquel notre Compagnie a en son particulier de si grandes et de si justes obligations.

C'est dans ces sentiments que nous avons l'honneur de nous dire, avec le dévouement le plus parfait et la considération la plus respectueuse,

Monsieur,

Vos très humbles et très obéissants serviteurs.

Les Directeurs de la Compagnie hollandaise des Indes-Orientales,

Et par leur ordre,

Signé : BOERS.

A La Haye, ce 14 mai 1784.

Note communiquée par M. le baron de Westreenen de Tiellandt de La Haye, Conseiller d'Etat.

Lorsque la Société des Indes-Orientales prit la résolution de faire frapper une médaille en l'honneur de M. le Bailli de Suffren, en reconnaissance du service qu'il lui avait rendu, par la protection à un convoi, M. Pierre Van Damme fut sollicité de fournir de son riche cabinet de médailles de beaux modèles pour le type. M. François Hemsterhuis, bon dessinateur et grand archéologue (Directeur du cabinet d'antiquités du prince Stadhouder), en traça le dessin, et M. Schepp d'Amsterdam, célèbre graveur, fut chargé d'en graver le coin. Un seul exemplaire, pour l'illustre amiral, en fut frappé en or, quelques-uns, mais en petit nombre, en argent, pour les Hauts-Colléges ; et c'est un tel qui se trouve au cabinet royal à La Haye ; enfin, trois en bronze furent destinés aux personnes qui avaient contribué à sa confection.

MM. Van Damme et Hemsterhuis les reçurent en effet, mais le coin se brisa sur le troisième, et M. Schepp en resta privé. M. Van Damme me donna le sien, pour en assurer l'entrée dans mon cabinet, et M. Hemsterhuis légua celui qu'il possédait à ma cousine, Mme la comtesse de Meerman, qui à son tour m'en fit autant par son testament ; de manière que je suis propriétaire des deux seuls qui existent en bronze.

Amiens, typographie d'Alfred CARON.

www.ingramcontent.com/pod-product-compliance
Lightning Source LLC
Chambersburg PA
CBHW061609040426
42450CB00010B/2384